ADOLFO PÉREZ AGUSTÍ

CÚRCUMA

ANTIINFLAMATORIO MUY EFICAZ

Editorial Dilema
Madrid, 2025

© Adolfo Pérez Agustí
© MASTERS Desarrollo Integral de la Persona
© Editorial Dilema, 2025
Ibáñez Marín, 11 - 28019 MADRID
Teléfono: 91 472 9071 y 670367 479
info@editorialdilema.com
www.editorialdilema.com
I.S.B.N. 978-84-9827-709-8
Depósito legal: M-19630-2025

MASTERS Desarrollo Integral de la Persona
tiene número de registro: 1683101 Sección 1

Diseño de colección: María Pérez Aguilera
mariap.aguilera@gmail.com
Diseño de portada: Esther Hernández
Foto de portada: Polvo de cúrcuma con la raíz fresca
© Kenishirotie | Dreamstime.com
Maquetación: Carmen Alvear Guallart

Aunque se trata de una planta medicinal muy antigua, ha sido ahora, en el siglo XXI, cuando se han comprobado las extraordinarias virtudes de la Cúrcuma, una especia culinaria que puede rivalizar con medicamentos de gran uso.

Su propiedades antiinflamatorias no solamente se limitan a su aplicación en problemas musculares, sino que abarcan patologías muy diversas, incluso cardíacas, del aparato digestivo y del sistema urinario, entre otras muchas.

La buena tolerancia digestiva, su rápida absorción y la ausencia de efectos secundarios, la han convertido ya en un producto de uso general en cualquier enfermo.

CAPÍTULO 1

Historia y botánica

¿Cómo se originó esta especia antigua? Hace miles de años, la gente en India y China ya utilizan la especia. De hecho, algunas historias sugieren el uso de fechas de 10.000 años en la India cuando dicen que el Señor Rama caminó sobre la tierra cultivada. Nos referimos a un personaje de la mitología hindú, príncipe de Ayodhya y héroe de la epopeya Ramayana, que es considerado el séptimo avatar de Vishnu y el ideal del hombre sabio, fuerte, justo y bueno. Si ya recomendaba esta hierba es porque algo extraordinario encontró en ella.

Más allá, los antiguos polinesios llevaron la cúrcuma con ellos en su increíble viaje a través del Océano Pacífico hasta Hawai. Hoy en día, los hawaianos todavía utilizan esta especia conocida por ellos como *Olena* y los historiadores aseguran que incluso Marco Polo en 1280 AD registró información sobre la cúrcuma en su diario: "También hay una verdura que tiene todas las propiedades del azafrán verdadero, así como el olor y el color, y sin embargo, no es realmente azafrán". Esa es una de las razones por la cual la cúrcuma se ha usado como un sustituto del azafrán en Europa durante más de 700 años, pues uno de sus ingredientes es un pigmento amarillo. Procedente ahora de Indonesia y el sur de India, donde se ha cosechado durante más de 5.000 años, ha desempeñado un papel importante en muchas culturas tradicionales en todo el Oriente, incluyendo ser un miembro respetado de la farmacopea ayurvédica. Mientras que los comerciantes árabes lo introdujeron en Europa en el siglo XIII, sólo recientemente ha llegado a ser popular en las culturas occidentales. Gran parte de su reciente popularidad se debe a la reciente investigación que ha puesto de manifiesto sus propiedades terapéuticas. Los principales productores comerciales de cúrcuma son la India, Indonesia, China, Filipinas, Taiwán, Haití y Jamaica.

Botánica

La podemos encontrar bajo estos nombres:

Turmeric, Cúrcuma aromática, Cúrcuma doméstica, Curcumae longa, Curcumae Longae Rhizoma, Curcumin, Curcumine, Curcuminoid, Curcuminoïde, Curcuminoïdes, Curcuminoids, Halada, Haldi, Haridra, Indian Saffron, Nisha, Pian Jiang Huang, Racine de Curcuma, Radix Curcumae, Rajani, Rhizoma Cucurmae Longae, Safran Bourbon, Safran de Batallita, Safran des Indes, Turmeric Root, Yu Jin.

La cúrcuma proviene de la raíz de la planta *Curcuma longa* y tiene una piel dura de color marrón y una carne anaranjada profunda. Se la ha llamado tradicionalmente "azafrán de la India" por su profundo color amarillo-naranja y se ha utilizado a lo largo de la historia como un condimento, remedio curativo y tinte textil.

La cúrcuma o Turmeric (Curcuma longa) tal y como se conoce en occidente, es una especia culinaria, un ingrediente importante en el curry indio, y la fuente de brillante color amarillo de la mostaza de América.

Usada como medicina y alimento durante siglos, la evidencia acumulada sugiere que la asociación con el jengibre proporciona un prometedor agente preventivo para una amplia gama de enfermedades, probablemente debido en gran parte a sus propiedades anti-inflamatorias.

Esta especia de color naranja dorado intenso, conocida por añadir color, sabor y nutrientes a las comidas, es pariente del jengibre y ambas se utilizan desde hace milenios durante siglos.

También se ha empleado en la medicina ayurvédica y otras formas de medicina tradicional en China e India.

Descripción

Tronco: Crece a poco más de 1 metro.
Hojas: largas y de forma rectangular.
Flores: flores blancas largas.
Sistema radicular: rizomas (2.5-7.5 cm de largo por 1-2 cm de diámetro).

Especies hermanas del género Cúrcuma: Hay alrededor de 80-130 especies de Cúrcuma en el proceso de identificación, de las cuales 80 son definitivas. Otras especies de interés médico son Curcuma Kwangsiensis, Phaeocaulis Curcuma Curcuma zedoary.

Nicho ambiental

Suelo:

Bien drenado, franco arenoso-arcilloso; el anegamiento es perjudicial; la arcilla pesada inhibe el desarrollo del rizoma.

Clima:

Tropical con altas precipitaciones de 1.500mm-2.000 mm, temperatura: 18-30 grados centígrados.

Ubicación:

El campo abierto expuesto al Sol produce más rizoma.

Rango de altitud:

Desde el nivel del mar hasta los 1500 m.

Depredadores:

Barrenador, rodillo de hojas, escala rizoma, mancha foliar, mancha de la hoja y pudrición del rizoma.

Compañeros:

La plantación de árboles pequeños y un poco de sombra es aceptable.

El cultivo

Hay que sembrar con las primeras lluvias, el riego es aceptable. Los trozos de rizomas se plantan con 20-40cm de separación. Se hacen surcos y crestas. La cosecha anual tiene 7-10 meses para madurar y hay que esperar que la planta se caiga y se marchite.

Composición cúrcuma molida

Fórmula química:
C21H2O6, Peso molecular: 368,38
Metabolitos:
Curcumina-sulfato, curcumina-glucurónido; catabolitos: ácido vinílico y ácido ferúlico.
Tres formas moleculares:
La curcumina, demetoxicurcumina y bisdemetoxicurcumina.
Estructura molecular:
Es un dímero de la vainillina (2 moléculas de vainillina unidos).

Estructura molecular de la curcumina

Ingredientes

El ingrediente activo de la cúrcuma es un compuesto natural (polifenol) llamado **curcumina**, que tiene propiedades antioxidantes y antiinflamatorias. Otros componentes químicos son un grupo de compuestos que incluyen la curcumina (diferuloil-metano), demetoxi-curcumina y bisdemetoxi-curcumina. El compuesto mejor estudiado es la curcumina, que constituye 3,14% (en promedio) de la cúrcuma en polvo. Además hay otros importantes aceites volátiles tales como turmerona, atlantona y zingibereno.

Composición por cucharadita:

Proteínas	0,34 g
Hidratos de carbono	2,86 g
Fibra dietética	0,93 g
Fibra soluble	-- g - G
Fibra insoluble	-- g - G
Azúcar - total	0,14 g
Monosacáridos	0,04 g
Disacáridos	0,10 g
Otros carbohidratos	1,79 g
Grasa - total	0,43 g
Grasa saturada	0,14 g
Monosaturada	0,07 g
Polisaturada	0,10 g
Ácidos grasos trans	
Colesterol	
Agua	0,50 g

Vitaminas	
Tiamina - B1	0,01 mg
Riboflavina - B2	0,01 mg
Niacina - B3	0,23 mg
Niacina equiv	0,23 mg
Vitamina B6	0,08 mg
Vitamina B12	0,00 mcg
Biotina	Mcg
Vitamina C	1,14 mg
Vitamina D IU	0,00 UI
Vitamina D mcg	0,00 mcg
Vitamina E alfa equiv.	0,14 mg
Minerales y oligoelementos	
Folato	1,72 mcg
Vitamina K	0,59 mcg
Ácido pantoténico	Mg
Boro	Mcg
Calcio	8,05 mg
Cloruro	Mg
Cromo	Mcg
Cobre	0,03 mg
Fluoruro	- Mg
Yodo	Mcg
Hierro	1,82 mg
Magnesio	8,49 mg
Manganeso	0,34 mg
Molibdeno	Mcg
Fósforo	11,79 mg
Potasio	111,10 mg
Selenio	0,20 mcg
Sodio	
Zinc	0,19 mg
Ácido Linoleico 18:02	0,07 g
Ácido Linolénico 18:03	0,02 g

Al igual que otros alimentos vegetales de colores vibrantes, la cúrcuma es rica en fitonutrientes que pueden proteger el cuerpo neutralizando los radicales libres (contaminación, luz solar) y protegiendo las células del daño. Las dietas ricas en alimentos vegetales se asocian con la prevención de enfermedades como el cáncer y las cardiopatías, así como en la artritis y otros trastornos articulares, la colitis, las alergias y las infecciones. Diversos Institutos Nacionales de la Salud enumeran 24 estudios actuales sobre los efectos de la cúrcuma y su principal componente activo, la curcumina. Estos estudios plantean la cuestión de qué es mejor tomar:

• La cúrcuma entera, que generalmente se utiliza como especia en polvo con los alimentos.
• O la curcumina, que generalmente se toma como un suplemento en pastillas.

Cada uno ha demostrado tener beneficios para la salud, pero si se padece una enfermedad específica, como la enfermedad inflamatoria intestinal, es mejor hacer uso de la cúrcuma (sobre todo en la cocina) en vez de tomar pastillas de curcumina.

Esto refleja la creencia general de que, mientras no se demuestre lo contrario, es mejor consumir las plantas enteras que alguno de sus componentes aislados. Por otra parte, la curcumina parece tener un efecto más rápido y considerable, y puede ser la mejor opción como agente terapéutico (en lugar de preventivo) en los procesos inflamatorios.

Aunque es una planta cuyo uso ha sido esencialmente como condimento principal en el curry, las propiedades medicinales descubiertas recientemente le otorgan una categoría importante en medicina.

No debe confundirse con la raíz Javanesa de cúrcuma (Curcuma zedotaria).

CAPÍTULO

Usos culinarios

Se suele agregar a mezclas de especias que por lo general se componen de: cilantro, semillas de comino, semillas de alholva, chile, semillas de mostaza, granos de pimienta negra y sal.

Como un té (por ejemplo en Okinawa): la cúrcuma se añade al agua caliente y después se filtra (con toque de jengibre y zumo de limón), y también se puede añadir a la leche y poner a fuego lento.

Sabor

La cúrcuma tiene un sabor picante, caliente y amargo y una fragancia suave que recuerda un poco a la naranja y el jengibre, y si bien es más conocida como uno de los ingredientes usados para hacer el curry.

De paladar tibio y amargo, se usa frecuentemente para darle el sabor o el color a los alimentos, a las mostazas, las mantequillas y los quesos. Es importante saber que es un buen sustituto del azafrán, más caro y no esencialmente mejor.

Absorción

Un hallazgo reciente es que la absorción se potencia en presencia de piperina, un componente de la pimienta negra. La cocina india comúnmente utiliza la cúrcuma y la pimienta.

Consejos para preparar y cocinar

Tenga cuidado al utilizar la cúrcuma, pues su color profundo puede manchar. Para evitar una mancha duradera, lave rápidamente cualquier área con la que se ha puesto en contacto con agua y jabón. Para evitar mancharse las manos, es posible considerar el uso de guantes de cocina durante la manipulación de la cúrcuma.

Si es capaz de encontrar rizomas de cúrcuma en la tienda de comestibles, se puede hacer polvo de cúrcuma fresca hirviéndola, secándola y luego moliéndola en una consistencia fina.

Algunas ideas rápidas:

Añadir la cúrcuma en la ensalada de huevo para darle un color amarillo más audaz.

Mezclar el arroz con pasas y castañas y sazonar con cúrcuma, comino y cilantro.

A pesar de que la cúrcuma es generalmente un ingrediente básico del curry en polvo, algunas personas les gusta añadir un poco más de esta especia en la preparación de curry. Y la cúrcuma no tiene que ser utilizada sólo en el curry. Esta especia es deliciosa y saludable con manzanas salteadas, frijoles y coliflor al vapor. O, para hacer cremas, ricas en sabor y bajas en calorías. Se puede mezclar un poco de cúrcuma y cebolla seca para hacer una mayonesa con sal y pimienta.

La cúrcuma es una especia ideal para complementar las recetas que incluyen lentejas y da un tono naranja-amarillo muy vistoso.

Otra forma especialmente deliciosa para añadir más cúrcuma a su manera sana de comer, es poner una coliflor cortada por la mitad y saltearla con una cucharada generosa de cúrcuma durante 5 minutos. Retirar del fuego y mezclar con aceite de oliva, sal y pimienta al gusto.

Utilización saludable

La cúrcuma se utiliza como colorante natural para algunos tipos de mostaza y es un ingrediente del curry en polvo. El sabor terroso de la cúrcuma por sí sola aporta intensidad de sabor y un color agradable a los platos tailandeses o asiáticos, así como a guisos y chiles, siendo deliciosa con la paella y la sopa de pollo.

Sabemos que los trozos de raíz de cúrcuma en bolsas se pueden meter en el congelador y mantenerlos frescos hasta seis meses.

Como precaución diremos que el pigmento amarillo de la cúrcuma puede manchar encimeras y telas, por lo que se debe tener cuidado al manipularla. Afortunadamente, los abrasivos suaves o los limpiadores con cloro pueden eliminar las manchas de muchas superficies.

Té de cúrcuma

- Ponga cuatro tazas de agua a hervir.
- Añada una cucharadita de cúrcuma molida y reduzca a fuego lento durante 10 minutos.
- Cuele el té con un colador fino en un vaso, agregar la miel y / o limón al gusto.

Receta clásica para el té

Al igual que el jengibre, la raíz de cúrcuma se puede preparar en un té nutritivo y sabroso:

2 cucharadas de raíz de cúrcuma picada o 2 cucharaditas de cúrcuma en polvo.

Poner a hervir en 1 ó 2 tazas de agua.

Bajar a fuego lento durante 5 minutos y luego colar.

Se puede beber el té caliente o frío, y agregarle limón y/o miel para cambiar el sabor.

Algunas personas, suelen añadir una cucharadita de jengibre junto con la cúrcuma.

En su forma usual, es un polvo seco de color amarillo que es soluble en aceite. Sus fuertes características antioxidantes y anti-infla matorias son sus propiedades medicinales más evidentes. En Okinawa es frecuente beber copiosas cantidades de té de cúrcuma. Algunos elaboran cerveza fresca, pero otros se limitan a comprar latas o versiones instantáneas en polvo de té sin azúcar de sus tiendas locales.

Si quiere probarlo, siéntase libre de experimentar con los ingredientes y aromas hasta que encuentre una combinación que se adapte a su gusto. Algunas personas, añaden una cucharadita de jengibre junto con la cúrcuma.

Mientras que las versiones básicas son más convenientes, vale la pena experimentar con la cúrcuma recién rallada para obtener un sabor más vibrante.

Receta para la cocina

Sopa cremosa vegana de calabaza al curry
y calabaza moscada

Ingredientes:
Aceite de oliva
1 libra de calabaza y de calabaza moscada,
peladas y cortadas en cubitos.
2 chalotes (cebolla), picados.
2-3 cucharadas de pasta de curry rojo tailandés.
2 cucharadas de raíz de cúrcuma rallada o
2 cucharaditas de cúrcuma en polvo.
4 tazas de caldo de verduras.
1 lata de leche de coco sin azúcar
(puede usar entera o baja en grasa).
Sal y pimienta.

Instrucciones
Asar la calabaza y el calabacín con aceite de oliva, sal y pimienta a 200 °C durante 10 a 15 minutos. Estarán listos cuando estén tiernos. En una olla grande , se sofríe la cebolla, la pasta de curry rojo y la cúrcuma en aceite de oliva durante 8 a 10 minutos. La cebolla debe quedar tierna y translúcida.

Agregar el caldo de verduras y la calabaza asada. Dejar cocer a fuego lento durante al menos 20 minutos.

Probar y ajustar con sal, pimienta o pasta de curry rojo.

Añadir la leche de coco y cocinar a fuego lento.

Licuar ya sea con una batidora.

Cómo seleccionar y almacenar

La Cúrcuma comercializada se deriva de la raíz de la planta Curcuma Longa primero por secado y pulverización, para crear la especia llamada cúrcuma, a continuación, mediante un disolvente de extracción. El polvo resultante refinado es 18 veces más fuerte que la sal común.

Incluso como hierbas seca y especia está ampliamente disponible en los supermercados, por lo que es fácil encontrarla. A menudo, estas tiendas ofrecen una amplia selección de hierbas secas y especias que son de calidad superior y frescura que las ofrecidas en los mercados habituales. Al igual que con otras especies secas, hay que tratar de seleccionar cúrcuma de cultivo ecológico, ya que esto le dará más seguridad de que la hierba no ha sido irradiada. Puesto que el color de la cúrcuma varía entre variedades, eso no es un criterio de calidad.

Elija cúrcuma pura en lugar de curry en polvo, pues un estudio que analizó el contenido de curcumina en 28 productos o polvos de curry, encontró que la cúrcuma en polvo puro tenía la mayor concentración de curcumina, un promedio de 3,14% en peso. Las muestras de polvo de curry, con una excepción, contienen cantidades muy pequeñas de la curcumina.

La cúrcuma en polvo debe conservarse en un recipiente bien cerrado en un lugar fresco, oscuro y seco y el rizoma de cúrcuma se debe mantener en el refrigerador.

Dónde encontrarla

Hoy se puede encontrar en el pasillo de especias de cualquier supermercado local, aunque debemos ser precavidos. A pesar de que puede haber algunas especias disponibles de calidad, es muy difícil verificar su pureza y potencia. Además, el polvo de la cúrcuma que se compra no necesariamente proviene de hierbas de alta calidad orgánicas y no posee los certificados necesarios que garanticen su calidad.

Así que esa cúrcuma comprada en polvo en una tienda de barrio, deberá emplearla sólo de vez en cuando para cocinar –no sobre una base diaria– para aprovechar las ventajas medicinales que ofrece.

Recomiendo la búsqueda de una de alta calidad, un suplemento 100% orgánico a base de cúrcuma, teniendo en cuenta:

- Evitar los rellenos innecesarios, aditivos y excipientes que se emplean en el procesamiento y la estabilidad al tiempo.
- Uno de los ingredientes, el estearato de magnesio (también conocido como ácido esteárico), es un aditivo potencialmente tóxico.
- Otro ingrediente que se encuentra en muchos suplementos de cúrcuma, es el fosfato de calcio dibásico (DCP), que incluso puede inhibir la absorción de minerales esenciales en elcuerpo.

Hay otros que se pueden encontrar también, así que le recomendamos que busque el certificado de que se trata de un producto orgánico de calidad.

Hay que tener en cuenta queel proceso orgánico total involucra la siembra, el cultivo, la recolección selectiva, y luego la producción y el envasado. En Estados Unidos estos son el tipo de certificaciones que se recomiendan buscar:

- Peligros y Puntos Críticos de Control (HACCP) –Certificación internacional de seguridad alimentaria que avala la Organización Mundial de la Salud (OMS).

- Buenas Prácticas de Manufactura (GMP) –Certificación Internacional que verifica todas las prácticas requeridas necesarias para un programa eficaz de seguridad alimentaria.

- Organización Internacional de Normalización (ISO) 9001:2000 –Norma internacional de calidad, seguridad, ecología, economía, fiabilidad, compatibilidad, interoperabilidad, eficiencia y eficacia.

- Unión Ortodoxa (OU) Kosher –Certifica el cumplimiento de los observadores y seguidores Kosher.

- Certificaciones Internacionales orgánicas tales como: USDA, UE, y NSOP (India)

He aquí una lista de comprobación para ayudarle a encontrar la mejor fuente de cúrcuma:

- Sólo contiene 100% ingredientes orgánicos certificados.
- Extracto de cúrcuma con al menos 95% de curcuminoides.
- Además, cuando se calienta la sal durante la cocción muchas de las propiedades beneficiosas se pierden.
- Evite aditivos y excipientes. No acepte el término "otros componentes" en la fórmula.
- Busque cápsulas vegetales.–Evite las cápsulas de gelatina siempre que sea posible.
- Es producido por un fabricante certificado de productos orgánicos de alta calidad.

CAPÍTULO

Beneficios para la salud

"La acción de la cúrcuma en contra de los factores de transcripción, son como un interruptor maestro", dijo el investigador Bharat Aggarwal. "Los factores de transcripción regulan todos los genes necesarios para la formación de tumores. Cuando se les apaga, cerramos algunos genes que están involucrados en el crecimiento y la invasión de las células cancerosas".

En otro estudio de laboratorio con células humanas de *linfoma no Hodgkin* publicado en Biochemical Pharmacology (septiembre de 2005), se mostró que la curcumina inhibe la activación de NF-kappaB, una molécula reguladora que envía señales de los genes para producir una gran cantidad de moléculas inflamatorias que promueven el crecimiento de células cancerígenas.

Además, la curcumina parece suprimir la proliferación de células cancerosas e inducir la detención del ciclo celular y la apoptosis (suicidio celular) en las células del cáncer de pulmón.

En la Universidad de Texas se está investigando las propiedades de quimioprevención y tratamiento con curcumina contra el *mieloma múltiple* y el *cáncer de páncreas*, y otros grupos de investigación están estudiando la capacidad de la curcumina para prevenir el cáncer oral.

Estudios

Algunos resultados de investigación muestran que las personas con **osteoartritis** informaron menos dolor articular al consumir cúrcuma en recetas. También se ha explorado el efecto de la cúrcuma sobre los trastornos del estado de ánimo, la depresión y la demencia, pero los estudios son pequeños, por lo que más investigaciones revelarán si existe algún beneficio.

Además de estas condiciones, los estudios de investigación han demostrado algunos posibles beneficios de la cúrcuma para:

- Procesos inflamatorios
- Enfermedades oculares degenerativas
- Síndrome metabólico
- Artritis
- Hiperlipidemia (colesterol en la sangre)

- Ansiedad
- Dolor muscular después del ejercicio
- Salud renal

Propiedades reconocidas ancestralmente:

La medicina ayurvédica

Al igual que otras hierbas y especias, es una hierba básica en el Ayurveda –la antigua medicina de India–. Ayurveda significa "conocimiento de la vida" y las plantas medicinales yacen en el corazón mismo de la práctica ayurvédica.

Según la terminología ayurvédica, la cúrcuma:

- Verdana sthapana –promueve la salud del sistema nervioso y ayuda con las molestias ocasionales
- Sangrahani –apoya la absorción de vitaminas y minerales
- Anulomana –ayuda a eliminar los residuos y en la construcción de sangre saludable
- Rakta stambhaka –promueve el bienestar del sistema circulatorio

Y esto es sólo la punta del iceberg cuando se trata de los usos de la cúrcuma en el Ayurveda.

Debemos tener en cuenta que la cúrcuma ha sido utilizada en la cultura india durante miles de años por una multitud de razones que promueven la salud.

Se estima que hay 500 millones de nativos que todavía utilizan la especia hoy.

En concreto:

- Refuerza la protección antioxidante contra los radicales libres
- Ayuda a promover la salud de la piel
- Apoya la salud ocular en general
- Proporciona apoyo al sistema inmunológico
- Ayuda al sistema óseo y la salud de las articulaciones
- Alienta la función hepática saludable
- Ayuda a mantener las células saludables con el apoyo contra los radicales libres
- Salud en el sistema digestivo
- Apoyo a la sangre y al sistema circulatorio
- Ayuda a mantener los niveles normales de colesterol
- Asiste a una respuesta saludable del sistema neurológico al estrés
- Promueve un saludable sistema reproductivo femenino
- Ayuda a mantener los niveles de azúcar en la sangre dentro del rango normal.

Detalles terapéuticos

Acción inmunitaria

Enfermedad de Alzheimer: inhibe la formación de, y rompe, los oligómeros beta-amiloide (entrelazado fibras) y agregados (protuberancias) en cobayas.

Cáncer: causa la apoptosis (muerte voluntaria) de varios tipos de células cancerosas, incluyendo la piel, colon, estómago, duodeno y ovario en el laboratorio.

Inhibe la enfermedad viral y fúngica.

Inhibe las bacterias, incluyendo Helicobacter Pylori.

Antiagregante

Adelgazamiento de la sangre: reduce la coagulación y la agregación plaquetaria.

Ataque cerebral

(Llamado clínicamente accidente cerebrovascular).

Un ataque cerebral o derrame cerebral ocurre cuando se altera el flujo de sangre hacia el cerebro. Cuando se presenta un ataque cerebral, un área del cerebro empieza a morir porque deja de recibir el oxígeno y los nutrientes que necesita para funcionar.

Hay dos clases principales de accidentes cerebrovasculares. El primero, llamado accidente cerebrovascular isquémico, es causado por un coágulo que bloquea u obstruye un vaso sanguíneo en el cerebro. Aproximadamente el 80% de todos los accidentes cerebrovasculares son isquémicos. El segundo, llamado accidente cerebrovascular hemorrágico (derrame cerebral) es causado por la ruptura y sangrado de un vaso sanguíneo en el cerebro. Aproximadamente el 20% de todos los accidentes cerebrovasculares son hemorrágicos.

Las pruebas de laboratorio con conejos relevaron que el compuesto de curcumina podría ser efectivo en humanos si se suministra en las tres primeras horas tras el derrame, que es el mismo período en el que funcionan los actuales fármacos trombolíticos que se dan al paciente para disolver coágulos.

Un fármaco derivado de la cúrcuma, podría ayudar al organismo a reparar los daños causados por un derrame cerebral.

Antiinflamatorio

Inhibe la inflamación, posiblemente inhibiendo algo en la vía de la Cox-2, pero no en Cox-2. Su consumo no causa úlceras e incluso actualmente está siendo utilizada experimentalmente como un tratamiento para las úlceras en los países occidentales.

Nuevas oportunidades

Los investigadores creen que la combinación de verduras crucíferas y curcumina podría ser una terapia efectiva no solamente para prevenir el **cáncer de próstata**, sino para inhibir la propagación de los cánceres de próstata establecidos. Lo mejor de todo, es que esta combinación –coliflor sazonada con cúrcuma–, es absolutamente deliciosa, inocua y barata.

Es un medicamento potente que ha sido utilizado en los sistemas chinos e indios de medicina como un agente anti-inflamatorio para el tratamiento de una amplia variedad de condiciones, incluyendo flatulencia, ictericia, dificultades menstruales, orina sanguinolenta, hemorragias, dolor de muelas, hematomas, dolor en el pecho, y cólicos.

Un estudio en Singapur realizado con personas de la tercera edad, demostró una relación positiva entre el consumo de cúrcuma / curry y la **función cognitiva**. Las personas que comían al curry con frecuencia (más de una vez al mes) o comía de vez en cuando (una o más veces en 6 meses) se desempeñaron significativamente mejor en las pruebas mentales que aquellos que comían menos de una vez al mes. (American Journal of Epidemiology 11/2006.)

Como antioxidante

Su compuesto curcumina proporciona nutrientes antioxidantes, ayudando a neutralizar los radicales libres y a retrasar los signos de envejecimiento normal. La oxidación de los radicales libres pueden dañar las células y órganos y por lo tanto afectar al proceso de envejecimiento.

Los antioxidantes son nutrientes esenciales también en:

- El soporte de la función de la memoria.
- La promoción de la salud del corazón.
- El impulso del sistema inmunológico.
- Ayudan a proteger a las células contra el daño de los radicales libres.

El contenido de antioxidante dentro de la cúrcuma proviene de compuestos activos llamados curcuminoides. Estos curcuminoides son 5 a 8 veces más fuerte que la vitamina E –y también más fuertes que la vitamina C– 3 veces más potentes que el extracto de semilla de uva o de corteza de pino.

Son suficientemente fuertes como para captar el radical hidroxilo, considerado por muchos como el más reactivo de todos los oxidantes.

Acción Celular y Adaptógena

La cúrcuma puede ayudar a las células de tres maneras, a través de:

- Neutralizando el estrés celular
- Manteniendo la integridad de las células cuando se sienten amenazadas por factores ambientales estresantes ocasionales.
- Proporcionando los antioxidantes que se necesitan para ayudar a mantener a las células contra la oxidación excesiva y los radicales libres.

La cúrcuma también se reconoce como un adaptógeno que ayuda a que el cuerpo soporte el estrés y proporcionando apoyo al sistema inmunológico. La investigación sobre la cúrcuma se ha centrado en la enfermedad de Alzheimer, la artritis, el cáncer y la diabetes. En experimentos de laboratorio con roedores, la cúrcuma puede romper la proteína beta-amiloide del **Alzheimer,** suprimir la inflamación artrítica, inducirla apoptosis en algunos tipos de cáncer y mejorar la sensibilidad a la insulina.

Células cancerosas y metástasis

Los estudios epidemiológicos han relacionado el uso frecuente de la cúrcuma con tasas más bajas de cáncer de mama, próstata, pulmón y colon; y experimentos de laboratorio han demostrado que la curcumina puede prevenir la formación de tumores.

Cáncer de mama

Una investigación realizada en la Universidad de Texas, sugiere que incluso cuando el cáncer ya está presente, puede ayudar a frenar la propagación de las células del cáncer de mama a los pulmones en ratones. En este estudio, publicado en Biochemical Pharmacology (septiembre de 2005), las células humanas de cáncer de mama fueron inyectadas en ratones, y los tumores resultantes eliminados para simular una mastectomía. Los ratones se dividieron en cuatro grupos. Un grupo no recibió ningún tratamiento adicional y sirvió como control. Un segundo grupo recibió el fármaco Taxol, el tercero tomó curcumina, y el cuarto Taxol y curcumina.

Después de cinco semanas, sólo la mitad de los ratones del grupo de sólo curcumina y sólo el 22% de los del grupo de la curcumina más Taxol, manifestaron evidencias de cáncer de mama propagado a los pulmones. Sin embargo, el 75% de los ratones que recibieron Taxol solo y el 95% del grupo control desarrollaron tumores de pulmón.

Prevención del cáncer de colon

Las acciones de la curcumina como antioxidante ayudan a proteger las células del colon de los radicales libres que pueden dañar las células, un lugar en donde la renovación celular es bastante rápida, aproximadamente cada tres días.

Debido a su replicación frecuente, las mutaciones en el ADN de las células del colon pueden ocasionar la formación de células cancerosas mucho más rápidamente. La curcumina también ayuda al cuerpo a destruir células cancerosas mutadas, por lo que no pueden difundirse a través del cuerpo y causar más daño.

Hepatopatías

También ayuda a la función hepática. Además, de que inhibe la síntesis de una proteína que se piensa es fundamental en la formación de tumores y la prevención del desarrollo del suministro de sangre adicional necesaria para el crecimiento de células cancerígenas en el hígado.

Su efecto en la belleza

Proporciona bienestar general, que a su vez ayuda a tener una piel radiante, hidratada.

La cúrcuma se ha considerado como un alimento de la piel durante miles de años en la India y otras culturas. Ayuda a:

• Limpiarla piel y mantener su elasticidad.
• Proveer alimento a la piel.
• Equilibrio entre los efectos de la flora de la piel.

Por lo tanto, la cúrcuma puede actuar como un envejecimiento normal nutriendo la piel y aportando efectos antioxidantes, ocasionando belleza exterior más pureza interna.

CAPÍTULO 5

Investigaciones recientes

La curcumina parece retrasar el daño hepático que eventualmente puede conducir a la **cirrosis**, según un estudio preliminar experimental en la Universidad de Medicina de Graz, en Austria.

También se ha comprobado que se absorbe mejor si se administra junto con la **pimienta negra**, aumentando sensiblemente su biodisponibilidad.

Su efecto **antidepresivo** podría estar en que favorece la absorción y utilidad del aminoácido Taurina e inhibe el nivel alto de glutamato.

La cúrcuma apenas se mantiene en sangre una vez ingerida y se concentra rápidamente en los tejidos (mucosa intestinal, hígado, riñones y corazón), llegando en apenas 10 minutos al cerebro, pues la curcumina **atraviesa la barrera hematoencefálica.**

La Kansas State University que investigó sobre ciertas especias, comprobó que la cúrcuma puede reducir los niveles de aminas heterocíclicas –compuestos cancerígenos que se forman cuando las carnes son asadas, hervidas o fritas– hasta en un 40 por ciento.

Los estudios en roedores de la Universidad de Texas indican que la curcumina inhibe el crecimiento de un cáncer de piel, el **melanoma**, y también retarda la propagación del cáncer de mama hacia los pulmones.

Investigadores de la Universidad de Dakota del Sur han encontrado que el tratamiento previo con curcumina hace que las células cancerosas sean más vulnerables a la quimioterapia y la radioterapia.

Los epidemiólogos han planteado la hipótesis de que la cúrcuma que se consume habitualmente en la India puede ayudar a explicar la baja tasa de enfermedad de **Alzheimer** en ese país. Entre las personas de 70 a 79 años, la tasa es menor que la cuarta parte de los Estados Unidos.

Por lo menos un estudio reciente sugiere que la cúrcuma es de gran ayuda en la **artritis**.

Una investigación, en Italia, que consistió en una prueba de tres meses que incluía 50 pacientes con diagnóstico por rayos X con **osteoartritis** de la rodilla con un tratamiento de curcumina, demostró que después de 90 días, hubo una disminución del 58 por ciento en el dolor y la rigidez global, así como una mejora en el funcionamiento físico en comparación con los controles.

También se ha encontrado, a través de un procedimiento de ensayo normalizado, una mejora del 300 por ciento en el bienestar emocional de los pacientes que toman curcumina en comparación con los otros. Las pruebas de sangre mostraron una disminución de 16 veces en la proteína C reactiva, un marcador de la inflamación. Los pacientes en el grupo de la curcumina fueron capaces de reducir el uso de anti-inflamatorios no esteroideos en un 63 por ciento, en comparación con el otro grupo.

La conclusión es que las ventajas terapéuticas de la cúrcuma y la curcumina son demasiado numerosas para enumerarlas. Un resumen publicado en Advanced Medical Biologia Experimental en 2007 establece que, "Se ha demostrado que la curcumina presenta propiedades antioxidantes, anti-inflamatorias, actividades antivirales, antibacterianas, antifúngicas, y contra el cáncer y por lo tanto tiene un potencial contra diversas enfermedades malignas, diabetes, alergias, artritis, enfermedad de Alzheimer y otras enfermedades crónicas".

Efecto antiinflamatorio

La fracción de aceite volátil de la cúrcuma ha demostrado significativa actividad anti-inflamatoria en una variedad de modelos experimentales.

Incluso más potente que su aceite volátil es el pigmento amarillo o naranja de la cúrcuma, que es llamado curcumina, el principal agente farmacológico en la cúrcuma. En numerosos estudios, los efectos anti-inflamatorios de la curcumina se han demostrado ser comparables a la hidrocortisona y la fenilbutazona, así como sobre el ibuprofeno. A diferencia de los medicamentos, que están asociados con efectos tóxicos significativos (formación de úlceras, disminución de recuento de células blancas, sangrado intestinal), la curcumina no produce toxicidad.

La cúrcuma y la quercetina pueden ayudar a prevenir el cáncer de colon

La curcumina y la quercetina, un flavonoide antioxidante presente en las cebollas, reduce el tamaño y el número de lesiones precancerosas en el tracto intestinal humano, según una investigación publicada en agosto de 2006 en la revista Clinical Digestivo y Hepatología.

Anteriores estudios en poblaciones que consumen grandes cantidades de curry, así como en la investigación animal, ya han mostrado que la curcumina podría ser eficaz en la prevención y / o tratamiento del cáncer en el intestino grueso. Del mismo modo, la quercetina, encontrado en el té verde y el vino tinto, se ha demostrado que inhibe el crecimiento de líneas celulares de **cáncer de colon** en humanos y células colorrectales anormales en los animales.

En este estudio, se observó una disminución en el número de pólipos en cuatro de cinco pacientes a los tres y cuatro meses de tratamiento. Cada paciente recibió la curcumina (480 mg) y quercetina (20 mg) por vía oral 3 veces al día durante 6 meses. Aunque la cantidad de quercetina fue similar a lo que muchas personas consumen diariamente, se consumió más curcumina de la que provoca la dieta típica.

Pólipos

Cinco pacientes con una forma hereditaria de pólipos precancerosos en el intestino grueso conocido como poliposis adenomatosa familiar (FAP), fueron tratados con dosis regulares de curcumina y quercetina durante un promedio de seis meses. El número medio de pólipos disminuyó 60,4%, y el tamaño medio de los pólipos que se desarrolló se redujo en un 50,9%.

La FAP es hereditaria y se caracteriza por el desarrollo de cientos de pólipos (adenomas colorrectales) y, con el tiempo, cáncer de colon. Recientemente, medicamentos anti-inflamatorios no esteroideos (AINEs como aspirina, ibuprofeno) se han utilizado para el tratamiento de algunos pacientes con esta enfermedad, pero estos fármacos a menudo producen efectos secundarios significativos, incluyendo úlceras y hemorragias gastrointestinales, según la División de Gastroenterología de la Universidad Johns Hopkins.

Reducción del colesterol

La curcumina, es una molécula mensajera que se comunica con los genes en las células del hígado, dirigiéndolos a aumentar la producción de ARNm (proteínas mensajeras) que dirigen la creación de los receptores de LDL (colesterol malo). Con más LDL-receptores, las células del hígado son capaces de eliminar más LDL del cuerpo. El ARNm del receptor de LDL aumentó siete veces en las células del hígado tratados con curcumina, en comparación con las células no tratadas. Las células hepáticas llegaron a alcanzar hasta un nivel de 12.

Reducir el riesgo de leucemia infantil

La investigación presentada en una conferencia reciente sobre la leucemia infantil, que se celebró en Londres, proporciona evidencia de que comer alimentos condimentados con cúrcuma podría reducir el riesgo de desarrollar leucemia infantil.

La incidencia de este cáncer ha aumentado dramáticamente durante el siglo XX, principalmente en niños menores de cinco años, entre los cuales el riesgo se ha incrementado en más de un 50% ciento desde 1950.

El medio ambiente, las vacunas y medicamentos, así como el estilo de vida en el cual el estrés y la competitividad son intensos, y factores de estilo de vida, se cree que desempeñan un papel importante en este aumento.

La Leucemia infantil es mucho menor en Asia que en los países occidentales, lo que puede deberse a diferencias en la dieta, uno de los cuales, es el uso frecuente de la cúrcuma, según se ha investigado en una serie de estudios en los últimos 20 años en la Loyola University Medical Center, Chicago, IL.

"Algunos de los factores de riesgo conocidos que contribuyen a la alta incidencia de leucemia infantil son la interacción del estilo de vida y muchos factores ambientales. Estos incluyen la exposición prenatal o postnatal a la radiación, el benceno, los contaminantes ambientales y los fármacos quimioterápicos alquilantes. Nuestros estudios muestran que la cúrcuma –y su principio colorante, la curcumina– en la dieta mitiga los efectos de algunos de estos factores de riesgo".

En esta universidad se ha demostrado que la curcumina de la cúrcuma puede:

Inhibir la mutagenicidad de los hidrocarburos aromáticos policíclicos (HAP) (sustancias cancerígenas creadas por la quema de combustibles basados en el carbono incluido el humo del cigarrillo).

Inhibir la radiación inducida por daño en los cromosomas.

Evitar la formación de aminas heterocíclicas nocivas y compuestos nitrosos, que puede resultar en el cuerpo cuando se comen ciertos alimentos procesados, tales como productos cárnicos procesados que contienen nitrosaminas.

Irreversiblemente inhibe la multiplicación de células de leucemia en un cultivo celular.

Mejora de la función hepática

En un estudio en ratas reciente llevado a cabo para evaluar los efectos de la cúrcuma en la capacidad del hígado para desintoxicar xenobióticos (tóxicos) y productos químicos, los niveles de dos enzimas de desintoxicación más importantes del hígado (UDP glucuronil transferasa y glutatión-S-transferasa) fueron significativamente elevados en las ratas alimentadas con cúrcuma en comparación con los controles.

"Los resultados sugieren que la cúrcuma puede aumentar los sistemas de desintoxicación, además de poseer propiedades antioxidantes".

Protección Cardiovascular

Puesto que el colesterol oxidado es lo que daña los vasos sanguíneos y se acumula en las placas que pueden conducir a un ataque al corazón o un derrame cerebral, evitando la oxidación del colesterol se puede ayudar a reducir la progresión de la aterosclerosis y la cardiopatía diabética.

Además, la cúrcuma es una buena fuente de vitamina B6, que es necesaria para mantener los niveles de homocisteína y no se vuelva demasiado alta. La homocisteína, un producto intermedio de un proceso celular importante llamado metilación, daña directamente a las paredes de los vasos sanguíneos. Los niveles elevados de homocisteína se consideran un factor de riesgo significativo de daño de los vasos sanguíneos, la acumulación de la placa aterosclerótica, y las enfermedades del corazón, mientras que un alto consumo de vitamina B6 está asociado con un menor riesgo de enfermedad cardíaca.

En una investigación publicada en el Diario indio de Fisiología y Farmacología, cuando 10 voluntarios sanos consumieron 500 mg de curcumina por día durante 7 días, no sólo sus niveles en sangre de colesterol oxidado bajaron un 33%, sino que su colesterol total descendió un 11,63%, y el nivel de HDL (colesterol bueno) aumentó en un 29%.

En concreto:

- Mejora la promoción del sistema inmune contra el estrés.
- Aumenta la eficacia del sistema inmunológico.
- Ayuda a mantener el sistema digestivo saludable.
- Apoyo a los huesos, articulaciones y sistema óseo en general.
- Ayuda a mantener los niveles de colesterol dentro del rango normal
- Promueve la formación de sangre nueva.
- Mejora las funciones hepáticas.

CAPÍTULO 6

Usos medicinales recientes

En su estado natural, la curcumina no puede atravesar la barrera hematoencefálica, que protege al cerebro de sustancias potencialmente tóxicas, aunque algunos estudios demostraron lo contrario. Los científicos estadounidenses lograron modificar la curcumina desarrollando una nueva forma denominada CNB-001, que si puede atravesar la barrera hematoencefálica.

En la India, se utiliza para tratar una amplia variedad de enfermedades incluyendo dolor de estómago, problemas de la piel, problemas musculares y artritis. En China se ha utilizado como analgésico tópico, y para el cólico, la hepatitis, la tiña y dolor en el pecho.

En Europa se utiliza en muchos alimentos como colorante en la mostaza, queso, margarina, bebidas y pasteles. En el pasado reciente se ha usado para la dispepsia, la uveítis anterior crónica y contra la bacteria Helicobacter pylori.

Es generalmente reconocida como segura por la FDA de los Estados Unidos. Hasta octubre de 2011 hay más de 4.300 artículos citados por Pubmed sobre el tema de Curcuma Longa incluidos 1.604 en el cáncer, 66 en la artritis, 181 en la enfermedad de Alzheimer y 151 sobre la diabetes.

Artritis reumatoide

Los estudios clínicos han probado que la curcumina también ejerce efectos antioxidantes muy potentes siendo capaz de neutralizar los radicales libres, sustancias químicas que pueden viajar a través del cuerpo y causar grandes cantidades de daño a las células sanas y las membranas celulares. Esto es importante en muchas enfermedades, tales como la artritis, donde los radicales libres son responsables de la inflamación dolorosa y el eventual daño a las articulaciones.

La cúrcuma, por la combinación de efectos antioxidantes y antiinflamatorios, explica por qué muchas personas con la enfermedad articular encuentran alivio cuando utilizan la especia regularmente. En un estudio reciente en pacientes con **artritis reumatoide**, la curcumina se ha comparado con la fenilbutazona y ha producido mejoras con una menor duración de la rigidez matinal, el tiempo prolongado para caminar y ha reducido la inflamación articular.

Enfermedad inflamatoria intestinal

La curcumina puede proporcionar un tratamiento barato, bien tolerado, y eficaz para la enfermedad inflamatoria intestinal (EII), tales como la **enfermedad de Crohn** y la **colitis ulcerosa**. En un estudio, los ratones que recibieron un agente inflamatorio que normalmente induce colitis estaban protegidos cuando la curcumina se añadió a su dieta cinco días antes. Los ratones que recibieron la curcumina no sólo perdieron mucho menos peso que los animales de control, sino que cuando los investigadores comprobaron la función de la célula intestinal, todos los signos típicos de la colitis (ulceración de la mucosa, engrosamiento de la pared intestinal, y la infiltración de células inflamatorias) estaban muy reducidos.

Si bien los investigadores aún no están seguros de cómo la curcumina logra sus efectos protectores, piensan que sus beneficios son el resultado, no de la actividad antioxidante, sino también de la inhibición de un importante agente inflamatorio celular llamado NF kappa-B. Además, una parte importante de este estudio es el hecho de que, aunque la curcumina ha demostrado ser segura en dosis muy grandes, este componente de la cúrcuma fue efectivo en una concentración tan baja como el 0,25 por ciento, una cantidad fácilmente suministrada simplemente disfrutando de la cúrcuma que se encuentra en el curry.

Protección contra el cáncer

Mientras que consumir simplemente curry y cebollas no puede tener un efecto tan dramático como se produjo en este estudio, esta investigación demuestra claramente que el uso liberal de la cúrcuma y las cebollas pueden desempeñar un papel protector contra el desarrollo de **cáncer colorrectal**. Y la cúrcuma no tiene que ser utilizada solamente a través del curry. Esta especia es deliciosa en las manzanas asadas, en los guisantes, con la coliflor al vapor, una mezcla que puede detener el **cáncer de próstata**, la segunda causa de muerte por cáncer en los varones estadounidenses con 500.000 casos nuevos que aparecen cada año. Sin embargo, es una afección rara entre los hombres en la India, cuyo bajo riesgo se atribuye a una dieta rica en verduras de la familia Brassica (Col) y la especia cúrcuma presente en el curry.

Los científicos probaron la cúrcuma, junto con isotiocianatos fenetilo, un fitoquímico abundante en los vegetales crucíferos como la coliflor, el repollo, el brócoli, las coles de Bruselas, col rizada, coles y nabos.

Cuando se prueba por separado, tanto el isotiocianato de fenetilo como la curcumina retardan considerablemente el crecimiento de las células humanas del cáncer de próstata implantados en ratones inmunodeficientes.

En ratones con tumores bien establecidos de cáncer de próstata, ni el fenetil isotiocianato ni la curcumina por sí mismos tenía un efecto protector, pero cuando se combinan, se redujeron significativamente tanto el crecimiento del tumor y la capacidad de las células de cáncer de próstata a extenderse (metástasis) en los animales de ensayo.

Para la protección contra el cáncer de próstata, se corta la coliflor en cuartos y se deja reposar durante 5-10 minutos, lo que da tiempo para que se formen los isotiocianatos de fenetilo, que se forman cuando las verduras crucíferas se cortan, pero que se detiene cuando se calientan. Luego se espolvorea con cúrcuma y se saltea a fuego medio en unas cucharadas de caldo de verduras durante 5 minutos. Retirar del fuego y cubrir con aceite de oliva, sal marina y pimienta al gusto.

Cáncer de colon

La curcumina se ha demostrado que previene el cáncer de colon en estudios con roedores. Cuando los investigadores hicieron un estudio para analizar cómo funciona la curcumina, encontraron que inhibe el daño de los radicales libres en las grasas (tales como las que se encuentran en las membranas celulares y el colesterol), previene la formación de la sustancia química inflamatoria ciclooxigenasa-2 (COX-2), e induce la formación de una enzima de desintoxicación del hígado, glutatión S-transferasa (GST). Cuando las ratas recibieron curcumina durante 14 días, la producción de GST en sus hígados aumentó en un 16%, y un marcador del daño ocasionado por los radicales libres llamado malondialdehído disminuyó en un 36% en comparación con los controles. Durante este período de dos semanas, los investigadores dieron a las ratas una sustancia química que causa cáncer, el tetracloruro de carbono. En las ratas alimentadas con la curcumina no encontraron daño, lo mismo en quienes recibieron cúrcuma dietética.

Por último, los investigadores compararon dar cúrcuma en la dieta en comparación con la inyección de curcumina y aunque con la inyección había más curcumina en la sangre, la cantidad era muy pequeña en el colon. Llegaron a la conclusión, que la curcumina mezclada con la dieta alcanza los niveles de cualquier fármaco en el colon y el hígado, suficientes para explicar las actividades farmacológicas observadas y sugieren que este modo de administración puede ser preferible a la quimioprevención del cáncer de colon.

Cáncer colorrectal

En estos pacientes el extracto de cúrcuma oral fue bien tolerado, y no se observó toxicidad. Ni la curcumina ni sus metabolitos se detectaron en la sangre o en la orina, pero fue recuperado de las heces.

Radiológicamente la enfermedad se mantuvo estable en cinco pacientes durante 2-4 meses de tratamiento. Los resultados sugieren que el extracto de Cúrcuma puede administrarse con seguridad a pacientes a dosis de hasta 2,2 g al día, equivalente a 180 mg de cúrcuma.

Dispepsia

La planta contiene un aceite volátil y curcuminoides que se cree que son los ingredientes activos. Ciento dieciséis pacientes adultos con acidez y dispepsia, dispepsia flatulenta, o dispepsia atónica, fueron analizados. El 53 por ciento de los pacientes que recibieron placebo respondieron al tratamiento, mientras que la cifra aumentó al 83 por ciento de los pacientes con la Cúrcuma.

Enfermedad de Alzheimer y esclerosis múltiple

La creciente evidencia sugiere que la cúrcuma podría brindar protección contra las enfermedades neurodegenerativas. Los estudios epidemiológicos muestran que en aquellas poblaciones en donde las personas mayores consumen habitualmente cúrcuma, los niveles de enfermedades neurológicas como el Alzheimer son muy bajos.

Al mismo tiempo, la investigación experimental llevada a cabo recientemente ha encontrado que la curcumina parece desacelerar la progresión de la enfermedad de Alzheimer en ratones y también que puede bloquear la progresión de la esclerosis múltiple. Aunque todavía no está claro cómo se puede proporcionar protección contra estas enfermedes degenerativas, una teoría es que puede interferir con la producción de IL-2, una proteína que puede desempeñar un papel clave en la destrucción de la mielina, la vaina que sirve para proteger los nervios en el cuerpo.

Un número de estudios han sugerido que la curcumina, el componente biológicamente activo en la cúrcuma, protege contra la enfermedad de Alzheimer mediante la activación de un gen que codifica para la producción de proteínas antioxidantes. Según el Journal Italiano de Bioquímica (diciembre de 2003) el consumo de curcumina mejora la hemo oxigenasa, un sistema de protección que, cuando se activa en el tejido cerebral, causa la producción de la bilirrubina, un antioxidante que protege el cerebro contra el daño oxidativo. Tal oxidación se cree que es un factor importante en el envejecimiento y es el responsable de enfermedades neurodegenerativas, incluyendo demencias como la enfermedad de Alzheimer.

Otro estudio llevado a cabo conjuntamente por un equipo italiano y EE.UU. y que se presentó en 2004 durante la conferencia anual de la American Physiological Society en Washington, DC, confirmó que la curcumina induce fuertemente la expresión del gen hemeoxygenase-1 (HO-1) en astrocitos de la región del hipocampo del cerebro. Para estos efectos la curcumina modificada cruza la barrera hematoencefálica, y llega con facilidad al foco del problema cerebral.

Las investigaciones realizadas en la UCLA y publicadas en el Journal of Biological Chemistry (diciembre de 2004), confirman las investigaciones anteriores y han sido publicadas en la revista Journal of Agricultural and Food Chemistry (abril de 2006), donde se detallan los mecanismos protectores de la curcumina frente a la enfermedad de Alzheimer.

Para comprender esta enfermedad, diremos que amiloide es un término general para los fragmentos de proteína que el cuerpo produce normalmente. B-amiloide es un fragmento de proteína cortado de otra proteína llamada proteína precursora de amiloide (APP). En un cerebro sano, estos fragmentos de proteínas se descomponen y eliminan. En la enfermedad de Alzheimer, los fragmentos se acumulan, formando placas duras, insolubles, entre las células cerebrales.

Los investigadores de la UCLA llevaron a cabo estudios de laboratorio en los que la curcumina ha demostrado inhibir la agregación de amiloide-B y disolver fibrillas de amiloide más eficazmente que el ibuprofeno y naproxeno.

Luego, utilizando ratones vivos, los investigadores encontraron que la curcumina atraviesa la barrera hematoencefálica y se une a los pequeños B-amiloides. Una vez unidos a la curcumina, los fragmentos de la proteína B-amiloide ya no pueden agruparse para formar placas, además de aportar propiedades anti-infla-matorias y antioxidantes, proporcionando protección adicional a las células del cerebro.

El ingrediente más activo en la raíz de cúrcuma, la bisdemetoxi-curcumina, aumenta la actividad del siste-ma inmune en los pacientes de Alzheimer, para ayudar a despejar las placas beta amiloides características de la enfermedad.

En pacientes sanos, las células inmunes llamadas macrófagos, fagocitan y destruyen las células anor-males y los agentes patógenos sospechosos, pero esta actividad se suprime en los pacientes de Alzheimer. Mediante muestras de sangre extraídas a pacientes de Alzheimer, los Dres. Milan Fiala yJohn Cashman de-mostraron que se aumentaba la actividad de los macró-fagos a los niveles normales, lo que ayuda a eliminar la proteína beta amiloide.

También observaron que la bisdemetoxi/curcumina fue más eficaz en la promoción de la eliminación de la beta amiloide en sangre de algunos pacientes que otros, haciendo alusión a un elemento genético.

Un estudio adicional reveló que los genes involucra-dos son MGAT III y los receptores similares a Toll, que también son responsables de una serie de otras funcio-nes inmunitarias esenciales. La bisdemetoxi/curcumina aumenta la transcripción de estos genes, y corrige los defectos inmunes observados en los pacientes de Al-zheimer.

Fibrosis Quística

La curcumina, puede corregir la expresión más común del defecto genético que es responsable de la fibrosis quística, según un experimento en animales realizado en abril de 2004. La Fibrosis quística, una enfermedad mortal que ataca a los pulmones con un moco espeso, causando infecciones potencialmente mortales, afecta a cerca de 30.000 niños y adultos jóvenes estadounidenses, que rara vez sobreviven más allá de los 30 años de edad. El moco también daña el páncreas, lo que interfiere con la capacidad del cuerpo para digerir y absorber los nutrientes.

La fibrosis quística es causada por mutaciones en el gen que codifica una proteína (CFTR) responsable de viajar a la superficie de la célula y la creación de canales a través del cual los iones de cloruro pueden salir de la célula. Cuando la proteína tiene una forma anormal debido a un gen defectuoso, esto no puede suceder, por lo que el cloruro se acumula en las células, que a su vez, conduce a la producción de moco.

La mutación más común, que se llama Delta F508, da como resultado la producción de una proteína mal plegada. Se piensa que la curcumina corrige este defecto, lo que resulta en una proteína Delta F508 con aspecto y función normal. Además, puede inhibir la liberación de calcio, lo que permite que el CTFR mutado pueda salir de las células a través de los canales de calcio, lo que también ayuda a parar el cloruro impulsado por la acumulación de mucosa.

Especialistas en el tratamiento de la fibrosis quística insisten en que los pacientes no deben automedicarse con suplementos dietéticos que contienen cúrcuma, hasta que las dosis correctas sean conocidas y las interacciones adversas identificadas con los medicamentos recetados.

Hipercolesterolemia

Para ayudar a incrementar la capacidad del hígado para eliminar el LDL excesivo, no solamente hay que apoyarse en la cúrcuma condimentando el pescado, la carne o las lentejas, sino que hay que aumentar la ración de cebollas, patatas y coliflor, o como aromatizante clave para cualquier plato de verduras.

Simplemente se puede mezclar yogur natural con mayonesa rica en omega-3, sal y pimienta al gusto. También se puede servir la coliflor cruda con apio, chile dulce y brócoli. Asegúrese de emplear la cúrcuma pura en lugar de mezclas de curry preparadas. La investigación reciente indica que la cantidad de cúrcuma a emplear debe ser alta, y en las mezclas de curry suele ser mínima.

Uveítis anterior crónica

En el departamento de Oftalmología de la KG Medical College, Lucknow, India, se experimentó con la curcumina, obtenida a partir de rizomas de Cúrcuma longa, por vía oral a pacientes que sufrían de uveítis anterior crónica (CAU) a una dosis de 375 mg tres veces al día durante 12 semanas. De los 53 pacientes incluidos, 32 completaron el estudio de 12 semanas. Se dividieron en dos grupos: un grupo de 18 pacientes recibió la curcumina solo, mientras que el otro grupo de 14 pacientes, que tenían una fuerte reacción PPD, además recibieron tratamiento antituberculoso. Los pacientes en ambos grupos comenzaron a mejorar después de 2 semanas de tratamiento. Todos los pacientes que recibieron la curcumina sola mejoraron, mientras que el grupo que recibió terapia antituberculosa junto con la curcumina tenía una tasa de respuesta del 86%.

El seguimiento de todos los pacientes en los 3 años posteriores indicó una tasa de recurrencia del 55% en el primer grupo y de 36% en el segundo grupo. Cuatro de 18 (22%) de los pacientes del primer grupo y 3 de los 14 pacientes (21%) en el segundo grupo perdieron la visión en el período de seguimiento debido a diversas complicaciones en los ojos, por ejemplo, vitritis, edema macular, central venoso de bloques, formación de cataratas, glaucoma y daño del nervio óptico. Ninguno de los pacientes informó de cualquier efecto secundario del fármaco.

La eficacia de la curcumina y recidivas después del tratamiento es comparable al tratamiento con corticosteroides, que es en la actualidad el tratamiento estándar para esta enfermedad. La falta de efectos secundarios con la curcumina es su mayor ventaja en comparación con los corticosteroides.

Según las últimas pruebas, se emplea con éxito en:

Malestar estomacal (dispepsia)
Osteoartritis
Algunas investigaciones muestran que tomar algunos extractos de cúrcuma puede reducir el dolor causado por la osteoartritis de la rodilla. En un estudio, la cúrcuma funcionó tan bien como el ibuprofeno para reducir el dolor.

Los resultados son variables en:

Cáncer de la piel
Hay cierta evidencia que muestra que el aplicar un ungüento de cúrcuma podría ayudar a disminuir el olor y aliviar la comezón producidos por el cáncer de piel.

Artritis reumatoide (AR)
La curcumina, uno de los componentes de la cúrcuma, podría ayudar a disminuir algunos de los síntomas de la AR.

Diabetes
Reduce la diabetes en los roedores.

Depresión

Se emplea con éxito como ansiolítico en las depresiones moderadas a leves.

La cúrcuma se usa también para la artritis, la acidez, el dolor de estómago, la diarrea, los gases intestinales, la hinchazón de estómago, la pérdida de apetito, la ictericia, los problemas del hígado y los trastornos de la vesícula biliar.

Para evitar los daños del envejecimiento ocasionado por los radicales libres.

Se utiliza para los dolores de cabeza, bronquitis, resfriados, infecciones pulmonares, fibromialgia, lepra, fiebre, los problemas de la menstruación y el cáncer.

Otros usos incluyen el tratamiento de la depresión, la enfermedad de Alzheimer, la retención de agua, los gusanos intestinales y los problemas renales.

Algunas personas aplican la cúrcuma sobre la piel para el dolor, la tiña, los moretones, las mordeduras de sanguijuelas, las infecciones de los ojos, para los trastornos inflamatorios de la piel, los malestares en el interior de la boca y para las heridas infectadas.

El aceite esencial de cúrcuma se usa en los perfumes y su resina se utiliza como un agente saborizante y colorante en los alimentos.

Y también:
Ictericia
Hepatitis
Diarrea
Fibromialgia
Dolor de cabeza
Problemas de la menstruación

Propiedades comprobadas clínicamente

Propiedades antiinflamatorias

La administración oral de curcumina en casos de inflamación aguda resultó ser tan eficaz como la cortisona o la fenilbutazona. Sus propiedades antiinflamatorias pueden atribuirse a su capacidad para inhibir tanto la biosíntesis de las prostaglandinas inflamatorias a partir del ácido araquidónico, como la función de los neutrófilos durante estados inflamatorios. Los curcuminoides también inhiben las enzimas LOX y la COX, las fosfolipasas, los leucotrienos, las prostaglandinas, el tromboxano, la elastasa de óxido nítrico, la hialuronidasa, la colagenasa, la proteína quimioatrayente de monocitos-1, la proteína inducible por interferón, el TNF (factor de necrosis tumoral) y la interleucina-12. También inhiben la biosíntesis de leucotrienos a través de la vía de la lipoxigenasa.

Un ensayo clínico aleatorio (ECA) investigó el efecto de una combinación de 480 mg de curcumina y 20 mg de quercetina (por cápsula) sobre el rechazo tardío del injerto (RDI) en 43 pacientes con trasplante renal. De los 39 participantes que completaron el estudio, dos de los 14 del grupo control experimentaron RDI, en comparación con ninguno de los grupos de tratamiento. Se logró una función temprana (una disminución significativa de la creatinina sérica 48 horas después del trasplante) en el 43% de los sujetos del grupo control y en el 71% de los del grupo de tratamiento de dosis baja. Dado que la cantidad de quercetina en el compuesto fue mínima, se cree que la mayor parte del beneficio se debe a la actividad antiinflamatoria y antioxidante de la curcumina. Los posibles mecanismos para mejorar la función temprana de los riñones trasplantados incluyen la inducción de la enzima hemooxigenasa y las citocinas proinflamatorias, así como la eliminación de radicales libres asociados con el daño tisular.

Propiedades antioxidantes

Los extractos hidrosolubles y liposolubles de cúrcuma y su componente curcumina exhiben una fuerte actividad antioxidante, comparable a la de las vitaminas

72

C y E. Un estudio de isquemia (reducción del flujo sanguíneo) demostró que el pretratamiento con curcumina disminuyó los cambios inducidos por **isquemia en el corazón.** Se realizó un estudio in vitro para medir el efecto de la curcumina sobre la hemooxigenasa-1 endotelial, una proteína de estrés inducible, utilizando células endoteliales aórticas bovinas. La incubación con curcumina resultó en una mayor resistencia celular al daño oxidativo.

En 1987, se evaluó la curcumina frente a productos de tabaco y diversos mutágenos ambientales en una prueba de Salmonella inducida en el hígado de rata, para determinar la diferencia entre mutágenos. La curcumina inhibió la mutagenicidad del condensado de humo de cigarrillo, el masheri (un producto de tabaco) y los extractos de tabaco en usos dependientes. La prueba indicó que la curcumina solo es antimutagénica frente a mutágenos que requieren activación metabólica, observándose que bloquea la vía de proliferación de células T resistentes a la ciclosporina A. Además, reduce el daño testicular causado por la exposición al di-n-butilftalato, mediante el aumento de los niveles de **glutatión** (GSH), **testosterona** y la actividad de la glucosa-6-fosfato deshidrogenasa, así como la disminución de los niveles del malondialdehído secretado en el estrés. Estas propiedades podrían deberse a las capacidades antioxidantes intrínsecas de la curcumina.

En 2007 se realizó un estudio para determinar las propiedades de mejora de la curcumina y el kolaviron (un biflavonoide de las semillas de Garcinia kola) en el **daño testicular** inducido por di-n-butilftalato (DBP) en ratas. El nivel de glutatión (GSH), la actividad de la glucosa-6-fosfato deshidrogenasa (G6PD) y la disminución de los niveles de testosterona aumentaron significativamente. Los niveles elevados de malondialdehído (MDA) disminuyeron. También posee capacidades antioxidantes intrínsecas para combatir el daño oxidativo inducido por la **displasia pulmonar.**

Ratones expuestos a células de **cáncer de próstata** humano fueron tratados con curcumina y mostraron una disminución de la densidad microvascular y la proliferación celular, así como un aumento de la apoptosis en comparación con los controles. La incubación de células endoteliales de aorta bovina con curcumina mostró la inducción de la expresión de la hemooxigenasa, una enzima que reacciona al estrés oxidativo mediante la producción del antioxidante biliverdina y mejora la resistencia celular al daño oxidativo.

La investigación clínica sobre el beneficio terapéutico de la curcumina para la **pancreatitis** es limitada y se ha centrado principalmente en sus propiedades antioxidantes. Sin embargo, las investigaciones indican que la respuesta inflamatoria desempeña un papel fundamental en el desarrollo de la pancreatitis y el consiguiente daño tisular.

Por esta razón, parece probable que un agente antiinflamatorio como la curcumina sea eficaz contra diversas dianas moleculares inflamatorias y haya demostrado disminuir los marcadores inflamatorios en un modelo animal de pancreatitis.

Propiedades hepatoprotectoras

Se sabe que la cúrcuma posee **propiedades hepatoprotectoras** similares a la silimarina. Estudios han demostrado sus propiedades hepatoprotectoras frente a diversas lesiones hepatotóxicas, incluyendo el tetracloruro de carbono, la galactosamina y el acetaminofén (paracetamol).

El efecto hepatoprotector de la cúrcuma se debe principalmente a sus propiedades antioxidantes, así como a su capacidad para disminuir la formación de citocinas proinflamatorias. La administración de curcumina disminuyó significativamente la lesión hepática.

La cúrcuma redujo la infección por **Aspergillus** parasiticus e inhibió la producción de aflatoxina fúngica en un 90%. Este hongo puede causar un retraso en el desarrollo de los niños y producir graves enfermedades hepáticas y/o carcinoma hepático en los adultos.

La cúrcuma y la curcumina también revirtieron la **hiperplasia biliar,** los cambios grasos y la necrosis inducidos por la producción de aflatoxina. El curcuminato de sodio, una sal de la curcumina, también ejerce propiedades coleréticas al aumentar la excreción biliar de sales biliares, colesterol y bilirrubina, así como la solubilidad biliar, lo que posiblemente prevenga y trate la colelitiasis. La curcumina también protege las células contra la peroxidación lipídica inducida por el paracetamol. Esto podría deberse a las propiedades antioxidantes de los grupos fenólicos de la curcumina.

Se ha descubierto que la curcumina disminuye la actividad sérica de la aspartato transaminasa y la fosfatasa alcalina, así como los niveles de ácidos grasos libres, colesterol y fosfolípidos.

La tacrina es conocida por su actividad destructora de células T y su hepatotoxicidad. En un estudio con cultivos de hepatocitos humanos destruidos por la tacrina, la curcumina demostró ser casi diez veces más eficaz que el tratamiento habitual, el ácido ascórbico. El efecto de la curcumina sobre la hepatotoxicidad inducida por el alcohol en ratas alcohólicas fue estudiado en 1998 y su administración resultó en una disminución de la actividad sérica de la aspartato transaminasa y la fosfatasa alcalina.

Los niveles séricos de ácidos grasos libres, colesterol y fosfolípidos también disminuyeron.

Propiedades anticancerígenas

La investigación en animales demuestra inhibición en las tres etapas de la carcinogénesis: iniciación, promoción y progresión. Durante la iniciación y la promoción, la curcumina modula los factores de transcripción que controlan la desintoxicación de carcinógenos en las fases I y II; regula negativamente las citocinas proinflamatorias, los factores de transcripción activados por radicales libres y las vías de la ciclooxigenasa y la lipoxigenasa del metabolismo del ácido araquidónico; y elimina los radicales libres.

Capacidad para inhibir la promoción tumoral, angiogénesis y crecimiento tumoral, así como capaz de suprimir la actividad de varios mutágenos y carcinógenos comunes en diversos tipos celulares, tanto en estudios in vitro como in vivo. Las propiedades **anticancerígenas** de la cúrcuma y la curcumina se deben a sus propiedades antioxidantes directas y de eliminación de radicales libres, así como a su capacidad para aumentar indirectamente los niveles de glutatión, lo que favorece la desintoxicación hepática de mutágenos y carcinógenos, e inhibe la formación de nitrosaminas. La curcumina también induce la **apoptosis** de las células cancerosas e inhibe la angiogénesis.

La eficacia de la curcumina o del extracto de cúrcuma para reducir los tumores inducidos químicamente y durante la carcinogénesis la promoción de tumores resultó en una menor producción de **papilomas,** en comparación con los controles. Esto indica que tanto la curcumina como el extracto de cúrcuma desarrollan sus mejores propiedades durante la promoción de tumores.

El efecto de la curcumina dietética en la formación de tumores cutáneos inducidos fue un número significativamente menor de papilomas en el grupo tratado con curcumina en comparación con el grupo control. La mayor expresión de los oncogenes disminuyó de forma dosis-dependiente en el grupo tratado con curcumina. Se investigó el efecto protector del extracto de cúrcuma sobre la mutagenicidad inducida químicamente en cepas de **Salmonella** typhimurium y la clastogenicidad en la médula ósea de mamíferos en ratones suizos hembra. Las propiedades anticancerígenas se evaluaron en el modelo de neoplasia preestomacal inducida por benzopireno. El extracto acuoso de cúrcuma mostró actividad **antimutagénica** contra mutágenos de acción directa y también inhibió la mutagenicidad del benzopireno en cepas de Salmonella typhimurium. El tratamiento con el extracto acuoso de cúrcuma inhibió significativamente el desarrollo de **tumores preestomacales** inducidos por benzopireno. Todos estos hallazgos fueron dosis-dependientes.

Innibición y potenciación de fármacos

Existe evidencia de que la curcumina inhibe la actividad de ciertos fármacos quimioterapéuticos. Las investigaciones revelan que la curcumina redujo la muerte inducida por camptotecina en células de cáncer de mama cultivadas y previno la regresión del tumor de mama inducida por ciclofosfamida en ratones.

La curcumina también podría interferir con la absorción y la eficacia del fármaco quimioterapéutico irinotecán, utilizado para tratar el cáncer de colon. Por otro lado, la curcumina puede potenciar los efectos de algunos fármacos quimioterapéuticos. En un modelo de xenoinjerto de ratón humano del Cáncer de mama, la curcumina en combinación con paclitaxel (Taxol) inhibió significativamente la metástasis pulmonar del cáncer de mama en mayor grado que la curcumina o el paclitaxel por separado.

Propiedades antidiabéticas

Se observó que un extracto de hexano (que contiene ar-turmerona), un extracto etanólico (que contiene ar-turmerona, curcumina, demetoxicurcumina y bisdemetoxicurcumina) y un extracto etanólico del residuo de la extracción de hexano (que contiene curcumina, demetoxi-curcumina y bisdemetoxi-curcumina), estimulan la diferenciación de los adipocitos de forma dosis-dependiente.

Los resultados indican que el extracto etanólico de cúrcuma, que contiene curcuminoides y sesquiterpenoides, es más hipoglucemiante que los curcuminoides o los sesquiterpenoides.

En 2010 se estudiaron los efectos de la cúrcuma sobre la glucosa plasmática postprandial (después de la comida) y la insulina en sujetos sanos. Se descubrió que la ingestión de 6 g de *C. longa* produjo un cambio en la respuesta a la glucosa a los 30 y 60 minutos después de la prueba de tolerancia a la glucosa. El índice glucémico fue significativamente mayor tras la ingestión de C. longa después de la prueba de tolerancia a la glucosa.

Propiedades antimicrobianas

El extracto de cúrcuma y el aceite esencial de Curcuma longa inhiben el crecimiento de diversas bacterias, parásitos y hongos patógenos.

Un estudio con pollos infectados con el parásito cecal *Eimera maxima* demostró que las dietas suplementadas con cúrcuma resultaron en una reducción de las lesiones del intestino delgado y una mejor ganancia de peso. Otro estudio, en el que se infectaron cobayas con dermatofitos, mohos patógenos o levaduras, reveló que el aceite de cúrcuma **aplicado tópicamente** inhibió los dermatofitos y hongos patógenos.

Se observaron mejoras en las lesiones de los cobayas infectados con dermatofitos y hongos, y a los siete días de la aplicación de la cúrcuma, las lesiones desaparecieron.

También se ha observado que la curcumina tiene una actividad moderada contra Plasmodium falciparum y Leishmania major.

Propiedades antidepresivas

Se investigó el efecto de la curcumina en un modelo de estrés crónico leve. En comparación con ratas normales, las ratas sometidas al procedimiento de CMS (miastenia después del ejercicio), presentaron una ingesta significativamente menor de sacarosa y mayores niveles de respuesta inflamatoria y cortisol. El tratamiento con extracto etanólico incrementó la ingesta de sacarosa a niveles normales de control, redujo el aumento inducido por CMS y los niveles séricos de cortisol a cifras normales.

La cúrcuma posee propiedades antidepresivas mediadas por la inhibición de la monoaminooxidasa A y el extracto etanólico de Curcuma longa revirtió la disminución de las concentraciones de serotonina, noradrenalina y dopamina, así como el aumento del recambio de serotonina, los niveles de cortisol y el factor liberador de corticotropina sérico.

En 2006 se investigó el efecto de la curcumina administrada por vía oral sobre el comportamiento en un modelo de **estrés crónico** de depresión en ratas. El antidepresivo imipramina se utilizó como control. La administración de curcumina mostró propiedades similares a las de la imipramina. Estos hallazgos sugieren que las propiedades de la administración crónica de curcumina sobre el comportamiento de ratas con estrés crónico podrían estar relacionadas con las propiedades moduladoras de la disfunción del eje hipotálamo-hipofisario-adrenal (HPA), mediante el aumento selectivo del factor neurotrópico derivado del cerebro en la corteza frontal y el hipocampo de las ratas.

Enfermedades cardiovasculares

Las propiedades protectoras de la cúrcuma sobre el sistema cardiovascular incluyen la reducción de los niveles de colesterol y triglicéridos, la disminución de la susceptibilidad de las lipoproteínas de baja densidad (LDL) a la peroxidación lipídica y la inhibición de la agregación plaquetaria.

El extracto de cúrcuma demostró una menor susceptibilidad de las LDL a la peroxidación lipídica, además de reducir los niveles plasmáticos de colesterol y triglicéridos. El efecto del extracto de cúrcuma sobre los niveles de colesterol puede deberse a una menor absorción del colesterol en el intestino y a una mayor conversión de colesterol en ácidos biliares en el hígado. Se cree que la inhibición de la agregación plaquetaria por los componentes de C. longa se debe a la potenciación de la síntesis de prostaciclina y a la inhibición de la síntesis de tromboxano.

La curcumina moviliza el α-tocoferol del tejido adiposo, lo que resulta en protección contra el daño oxidativo producido durante el desarrollo de la aterosclerosis. La curcumina aumenta el transporte de colesterol

VLDL en plasma, lo que resulta en un aumento de los niveles de α-tocoferol. Se ha demostrado que la curcumina moviliza el α-tocoferol del tejido adiposo, protegiendo así al organismo del daño oxidativo producido durante el desarrollo de la aterosclerosis. Además, se podría transportar más colesterol LDL en plasma, lo que aumenta los niveles de α-tocoferol. En general, los ácidos grasos en los animales fueron menos susceptibles a la oxidación en la pared vascular. Se observó también que la ingesta oral de 500 mg/día de curcumina durante 7 días resultó en una disminución significativa del nivel de peróxidos lipídicos séricos (33%), un aumento del colesterol HDL (29%) y una disminución del nivel de colesterol sérico total (12%).

En 2006 se investigó el efecto de Curcuma longa sobre la apoptosis miocárdica en la lesión por isquemia-reperfusión miocárdica inducida experimentalmente. La Curcuma longa demostró una importante propiedad antiapoptótica, lo que podría contribuir a la preservación observada de las **propiedades cardioprotectoras** y la función cardíaca.

Trastornos gastrointestinales

Las propiedades antiinflamatorias y el beneficio terapéutico de la curcumina se han demostrado para diversos trastornos gastrointestinales, como dispepsia, infección por Helicobacter pylori, úlcera péptica, síndrome del intestino irritable, enfermedad de Crohn y colitis ulcerosa.

Dispepsia y úlcera gástrica

En un ensayo clínico de fase II, 45 sujetos con úlceras pépticas diagnosticadas mediante endoscopia recibieron 600 mg de curcumina cinco veces al día durante 12 semanas. No se observaron úlceras en 12 pacientes (48%) después de cuatro semanas, en 18 pacientes después de ocho semanas y en 19 pacientes (76%) después de 12 semanas. Los 20 pacientes restantes, que también recibieron curcumina, no presentaban ulceraciones detectables al inicio del estudio, pero sí presentaban todavía síntomas: erosiones, gastritis y dispepsia. En 1-2 semanas, el dolor abdominal y otros síntomas habían disminuido significativamente.

En 2005 investigaron el efecto protector del extracto etanólico de cúrcuma contra las úlceras gástricas mediante el bloqueo de los receptores de histamina H2 (H2R) en ratas y el efecto del extracto se comparó con las propiedades de la ranitidina, observándose que la cúrcuma protege la mucosa gástrica con la misma eficacia que la ranitidina. El extracto etanólico administrado por vía oral inhibió la acidez gástrica, la secreción de jugo gástrico y la formación de úlceras, de forma comparable a las propiedades de la ranitidina.

Anteriormente, en 1990, investigaron la actividad antiulcerosa de un extracto etanólico de cúrcuma y se observó que produjo una disminución significativa del índice de úlceras y la acidez del contenido estomacal, así como la intensidad de la ulceración. La reducción del estrés por restricción hipotérmica de la mucosidad de la pared gástrica se inhibió mediante el tratamiento con extracto de cúrcuma y redujo la gravedad de las lesiones inducidas por diversos agentes necrosantes.

Síndrome del intestino irritable

En pacientes con síndrome del intestino irritable (SII), los síntomas más comunes son dolor abdominal, distensión abdominal, alteración del hábito intestinal y aumento de la frecuencia de las deposiciones. En un estudio piloto de ocho semanas con pacientes con SII, después de cuatro semanas, estos grupos experimentaron una reducción del 53% y el 60% en la prevalencia del SII.

En un análisis posterior al estudio, las puntuaciones de dolor y malestar abdominal se redujeron en un 22% y un 25%.

Enfermedad inflamatoria intestinal

La enfermedad de Crohn (EC) y la colitis ulcerosa (CU) son las dos formas principales de enfermedad inflamatoria intestinal (EII).

En 2005 realizaron un estudio piloto para examinar el efecto de la terapia con curcumina en pacientes con EII que habían recibido previamente terapia estándar para CU o EC. Se realizaron análisis hematológicos y bioquímicos de sangre, velocidad de sedimentación globular (VSG), proteína C reactiva (PCR) (los dos últimos indicadores inflamatorios), sigmoidoscopia y biopsia al inicio y al final del estudio.

Se evaluaron el Índice de Actividad de la Enfermedad de Crohn (IAEC), la PCR, la VSG, el análisis hematológico de sangre y la función renal en todos los pacientes al inicio y al final del estudio. En el grupo con proctitis (inflamación rectal), los cinco pacientes mejoraron al final del estudio, según lo indicó una puntuación global, y los cinco sujetos mostraron valores normales de VSG, PCR e índices serológicos de inflamación después de dos meses. En el grupo con EC, las puntuaciones del CDAI disminuyeron un promedio de 55 puntos, y la PCR y la VSG disminuyeron en cuatro de los cinco pacientes.

Los autores concluyeron que la curcumina más la terapia estándar fue más eficaz para mantener la remisión que el placebo más el tratamiento estándar para la CU.

Trastornos neurológicos

Los estudios en modelos animales de la enfermedad de Alzheimer (EA) indican un efecto directo de la curcumina en la disminución de la patología amiloide de la EA. Con base en numerosos estudios, los resultados han demostrado que la curcumina posee múltiples acciones en el cerebro, mejorando la memoria y las **enfermedades cerebrales** degenerativas, así como la depresión mayor, la discinesia tardía y la neuropatía diabética.

Embarazo/Neonatos

En 1995 estudiaron el efecto de la curcumina sobre las enzimas del sistema de biotransformación hepática, aumentando los niveles hepáticos de glutatión S-transferasa (GST) y sulfhidrilo (SH).

Los niveles de citocromo b5 y citocromo P450 también se elevaron significativamente, lo que indica que los metabolitos de la cúrcuma y/o la curcumina pueden transferirse a través de la lactancia.

Conclusiones

La curcumina puede considerarse un gran agente terapéutico potencial para diversas **afecciones inflamatorias y tipos de cáncer.** Por consiguiente, existe un gran interés en su potencial terapéutico, como lo demuestra el número de ensayos clínicos de fase II y III en curso. El principal obstáculo para el uso terapéutico de la curcumina ha sido su limitada biodisponibilidad sistémica, pero los investigadores participan activamente en la búsqueda del método de aplicación más eficiente.

Ensayos clínicos más recientes

En un período de tres meses de duración se empleó un preparado de curcumina-fosfatidilcolina para la disminución del dolor y la mejoría de la función articular en 50 pacientes afectados de osteoartritis (OA).

Dado que la OA es una enfermedad crónica que requiere un tratamiento prolongado, la eficacia a largo plazo y la seguridad se investigaron durante ocho meses en los cuales se incluyó a 100 pacientes con artrosis.

Los puntos finales clínicos efectuados en la Western Ontario y en las universidades McMaster [WOMAC] se complementaron con la evaluación de una serie de marcadores inflamatorios y la velocidad de sedimentación globular [VSG].

Esto representó el intento más ambicioso, hasta la fecha, para evaluar la eficacia clínica y la seguridad de la curcumina como un agente anti-inflamatorio. Las mejoras significativas se compararon con un grupo control, además de tener en cuenta la tolerancia general. Los resultados fueron óptimos. También se experimentó en pacientes afectados por osteoartritis de rodilla en el Departamento de Medicina de Rehabilitación, la Facultad de Medicina, el Hospital Siriraj, y la Universidad de Mahidol, Bangkok, Tailandia.

Ciento siete (107) pacientes con artrosis primaria de rodilla (OA) con puntuación de dolor de $>0 = 5$ fueron asignados al azar para recibir 800 mg de ibuprofeno por día, mientras que se administró 2 g de extracto de cúrcuma doméstica por día durante 6 semanas. Los resultados principales analizaron la mejoría del dolor al caminar, el dolor al subir escaleras, y las funciones de la rodilla evaluadas durante el paseo de 100 metros.

Tanto los tratados con cúrcuma, como aquellos que tomaron ibuprofeno, percibieron mejoría. Las puntuaciones medias de los resultados mencionados en las semanas 0, 2, 4 y 6 mejoraron significativamente en comparación con los grupos no tratados. No hubo diferencias en los parámetros entre los pacientes que recibieron ibuprofeno y los extractos de Cúrcuma domestica, excepto en el dolor subiendo escaleras que disminuyó ligeramente en quienes tomaron ibuprofeno.

89

Las conclusiones es que la cúrcuma puede ser igualmente eficaz que el ibuprofeno para el tratamiento de la OA de la rodilla, aunque con menos efectos secundarios.

En un período de tres meses de duración se empleó un preparado de curcumina-fosfatidilcolina para la disminución del dolor y la mejoría de la función articular en 50 pacientes afectados de osteoartritis (OA). Dado que la OA es una enfermedad crónica que requiere un tratamiento prolongado, la eficacia a largo plazo y la seguridad se investigaron durante ocho meses en los cuales se incluyó a 100 pacientes con artrosis. Los puntos finales clínicos efectuados en la Western Ontario y en las universidades McMaster [WOMAC] se complementaron con la evaluación de una serie de marcadores inflamatorios y la velocidad de sedimentación globular [VSG]. Esto representó el intento más ambicioso, hasta la fecha, para evaluar la eficacia clínica y la seguridad de la curcumina como un agente anti-inflamatorio. Las mejoras significativas se compararon con un grupo control, además de tener en cuenta la tolerancia general. Los resultados fueron óptimos.

Efectos farmacológicos comprobados

Se ha comprobado la inhibición de las isoenzimas del citocromo P450 por curcuminas in vitro e in vivo. La experiencia se realizó en la División Carcinogénesis, Cancer Research Institute, Tata Memorial Centre, Mumbai-400 012, Parel, India.

Se estudió el mecanismo de la cúrcuma mediada por la quimioprevención y para comparar la eficacia quimiopreventiva de la cúrcuma durante la exposición a un agente cancerígeno procedente del tabaco. El pretratamiento de las ratas con 1% de cúrcuma a través de la dieta resultó en una disminución significativa de los efectos de los elementos cancerígenos que afectaban al hígado, pulmón y estómago, aunque el alcance de la disminución fue diferente. También se notó una mejoría en la estabilidad del ADN y una disminución de la GST hepática previamente aumentada, así como una protección contra el tetracloruro de carbono inducido por la inactivación del citocromo P450.

La dosis diaria de curcumina **no causó interacción** con los fármacos administrados conjuntamente y evitó la activación de radicales libres reactivos. Se ha especulado que la curcumina inhibe la CCl inducida por daño hepático secundario APP a través de sus propiedades antioxidantes.

La inactivación de la isozima CYP en el hígado causada por CCl fue inhibida por la curcumina.

Los medicamentos antiinflamatorios no esteroideos (AINE) como la aspirina, se ha demostrado que suprimen el factor de transcripción NF-kappaB, que controla la expresión de genes tales como la ciclooxigenasa (COX) -2 y ciclina D1, que conduce a la inhibición de la proliferación de las células tumorales.

La dexametasona, un esteroide anti-inflamatorio, se incluye para comparación con los AINE. Como se indica por la unión al ADN, ninguno de los fármacos solos activa el NF-kappaB. En general, los resultados indican que la aspirina y el ibuprofeno son menos potentes, mientras que el resveratrol y la curcumina, son los agentes más potentes antiinflamatorios y antiproliferativos de los que se han estudiado.

La cúrcuma como agente tópico en el tratamiento del cáncer.

Un extracto de etanol así como un ungüento de cúrcuma, se emplearon para producir alivio sintomático en pacientes con lesiones cancerosas externas. La reducción del dolor se observó en el 90% de los casos y la reducción de prurito en casi todos.

Lesiones secas mejoraron en el 70% de los casos, y un pequeño número de pacientes (10%) tuvieron una reducción en el tamaño de la lesión y el dolor. En muchos pacientes el efecto continuó durante varios meses. Una reacción adversa se observó en sólo uno de los 62 pacientes evaluados.

Actividad inmunomoduladora

La curcumina se analizó por su actividad inmunomoduladora y se encontró un aumento del recuento total de CMR (15.290) en 12 días. La curcumina aumentó el número de anticuerpos circulantes (512), las células formadoras de placas (PFC) en el bazo, así como el número máximo de PFC a partir del sexto día.

Se observó también un aumento significativo en la actividad fagocítica de los macrófagos.

Efectos en la vesícula biliar

Se ha comprobado un efecto colerético con la cúrcuma. Una cantidad de 20 mg de curcumina es capaz de contraer la vesícula biliar hasta en un 29% dentro de un tiempo de observación de 2 h.

Inhibición de las células endoteliales cancerosas

La angiogénesis es un paso crucial en el crecimiento y metástasis de cánceres. La curcumina inhibe la iniciación y crecimiento de tumores. La curcumina no tuvo ningún efecto sobre la migración de células endoteliales.

Estos hallazgos sugieren que la curcumina actúa como un inhibidor de la angiogénesis por modulación de actividad de la proteasa durante la morfogénesis endotelial.

Actividad plaquetaria

El efecto inhibitorio de la curcumina sobre el factor activador de plaquetas y el ácido araquidónico, impidió la agregación plaquetaria a través de la inhibición de la formación de tromboxano y la señalización de Ca2 +.

Actividades biológicas

Hay varios datos en la literatura que indican una gran variedad de actividades farmacológicas de la Cúrcuma longa L. (Zingiberaceae), que exhiben efectos anti-inflamatorios, anti-virus, en la inmunodeficiencia humana, contra las bacterias, efectos y anti-actividades antioxidantes y nematocidas.

- *In vitro*, la curcumina exhibe efectos antiparasitarios, efectos antiespasmódicos, anti-inflamatorios y gastrointestinales, y también inhibe la carcinogénesis y el crecimiento del cáncer.
- *In vivo*, hay experimentos que muestran el efecto anti-parasitario y la potencia antiinflamatoria.

Efecto quimioprotector

Una amplia variedad de sustancias fenólicas derivadas de especias poseen potentes actividades antimutagénicas y anticancerígenas.

Ejemplos de ello son la curcumina, el Zingiberaceae, un ingrediente presente en el jengibre y la capsaicina, el principal elemento del chile picante (Capsicum annuum).

Los efectos quimiopreventivos ejercidas por estos fitoquímicos son a menudo asociados con sus actividades antioxidantes y anti-inflamatorias.

Suplementos de cúrcuma

No obstante, hay que ser prudentes con los excesos, pues no siempre son un buen recurso. Aunque posee maravillosos beneficios nutricionales, una mayor cantidad de curcumina no es necesariamente mejor, y un exceso puede ser de riesgo.

Por ejemplo, los suplementos de cúrcuma pueden aumentar el riesgo de cálculos renales, especialmente si existen antecedentes familiares. Por ello tomar suplementos de curcumina que contienen concentraciones mucho más altas del compuesto que las que se consumirían al consumir alimentos con cúrcuma o beber té de cúrcuma, pueden ser perjudiciales.

Un desafío de la cúrcuma es que la curcumina y otros ingredientes activos no están fácilmente biodisponibles, lo que significa que el cuerpo no los absorbe en su totalidad. Además, el proceso digestivo descompone estos compuestos beneficiosos y los elimina rápidamente.

Teniendo esto en cuenta, incorporar la especia regularmente a las comidas puede ser suficiente para aumentar su consumo de forma segura. Incluso combinar la especia con pimienta negra puede ayudar a aumentar la capacidad del cuerpo para absorber los compuestos beneficiosos de la cúrcuma y se ha demostrado que una sustancia presente en la pimienta negra llamada piperina, al combinarse con la curcumina, aumenta la biodisponibilidad en un 2.000%.

"Es mejor obtener curcumina y la mayoría de los demás nutrientes en forma de alimentos integrales en lugar de tomar píldoras, tinturas, cápsulas o gomitas de cúrcuma", Afirman los expertos.

CAPÍTULO 8

Efectos secundarios

Suplementos de cúrcuma e interacciones farmacológicas

Las dosis altas de curcumina, como las que se encuentran en los suplementos concentrados de cúrcuma, pueden interactuar con ciertos medicamentos, por ejemplo:

Analgésicos:

Los suplementos de cúrcuma pueden disminuir los efectos de la indometacina, la aspirina, el ibuprofeno o el acetaminofeno.

Quimioterapia:

Si está recibiendo tratamientos de quimioterapia, hable con su médico antes de tomar suplementos de cúrcuma y, especialmente, evítelos si está tomando estos agentes de quimioterapia:

Camptotecina
Mecloretamina
Doxorrubicina
Ciclofosfamida

Anticoagulantes:

Los suplementos de cúrcuma o curcumina pueden aumentar el riesgo de sangrado en personas que toman warfarina.

Medicamentos inmunosupresores:

Las personas que toman un medicamento llamado tacrolimus (utilizado en el vitíligo) pueden experimentar mayores efectos secundarios si consumen grandes cantidades de curcumina.

Efectos secundarios

Si bien la cúrcuma es segura para la mayoría de las personas cuando se disfruta en té o comida, si es alérgico a la especia, comerla puede provocar sarpullido, urticaria o dolor abdominal.

La mayoría de los efectos secundarios están asociados con concentraciones muy altas de curcumina que se encuentran en los suplementos (píldoras, cápsulas y gomitas). Aunque no produce efectos secundarios significativos, sin embargo, algunas personas pueden experimentar dolor de estómago, náuseas, mareos o diarrea. Pude favorecer la menstruación o estimular el útero poniendo en riesgo el embarazo. Puede empeorar los problemas de la vesícula. No use la cúrcuma si tiene cálculos renales u obstrucción del conducto biliar.

La cúrcuma podría retardar la coagulación sanguínea y causar más pérdida de sangre durante y después de una cirugía. Deje de evitar tomar la cúrcuma por lo menos dos semanas antes de someterse a un procedimiento quirúrgico.

Se encontró un caso de bloqueo auriculoventricular completo transitorio asociado con el consumo de cúrcuma en un hombre de 38 años de edad, después de la ingesta de píldoras durante un mes. Tras el cese de las pastillas, la enfermedad remitió sin secuelas.

Más detalles

La cúrcuma no es un alimento comúnmente alergénico y no se sabe que contenga cantidades mensurables de oxalatos o purinas.

Es una excelente fuente de hierro y manganeso, de vitamina B6, fibra dietética y potasio.

Dosis terapéutica

Para el malestar estomacal (dispepsia): 500 mg de cúrcuma cuatro veces al día.

Para la osteoartritis: 500 mg dos veces al día.

Interacciones

Medicamentos que retardan la coagulación sanguínea (Medicamentos anticoagulantes / antiplaquetarios). Podría aumentar las probabilidades de sufrir moretones y pérdida de sangre.

Potencia los efectos de las siguientes plantas

Angélica, Clavo de olor, Salvia, Ajo, Jengibre, Ginkgo, Ginseng.

Índice